Stefan Thalmann

Semantische Beschreibung von e-Learning-Inhalten

GRIN Verlag

Bibliografische Information der Deutschen Nationalbibliothek:

Die Deutsche Bibliothek verzeichnet diese Publikation in der Deutschen National-
bibliografie; detaillierte bibliografische Daten sind im Internet über http://dnb.d-
nb.de/ abrufbar.

Impressum:

Copyright © 2005 GRIN Verlag GmbH
Druck und Bindung: Books on Demand GmbH, Norderstedt Germany
ISBN: 978-3-638-65637-5

Dieses Buch bei GRIN:

http://www.grin.com/de/e-book/41986/semantische-beschreibung-von-e-learning-
inhalten

GRIN - Your knowledge has value

Der GRIN Verlag publiziert seit 1998 wissenschaftliche Arbeiten von Studenten, Hochschullehrern und anderen Akademikern als eBook und gedrucktes Buch. Die Verlagswebsite www.grin.com ist die ideale Plattform zur Veröffentlichung von Hausarbeiten, Abschlussarbeiten, wissenschaftlichen Aufsätzen, Dissertationen und Fachbüchern.

Besuchen Sie uns im Internet:

http://www.grin.com/

http://www.facebook.com/grincom

http://www.twitter.com/grin_com

Martin-Luther-Universität Halle-Wittenberg

Wirtschaftswissenschaftliche Fakultät

Lehrstuhl für Wirtschaftsinformatik,

insbesondere Betriebliches Informationsmanagement

Seminar Wirtschaftsinformatik / Informationsmanagement

im SS 2005

Thema:

Semantische Beschreibung von e-Learning Inhalten

vorgelegt von: Stefan Thalmann

Studiengang: Wirtschaftsinformatik

Abgabe am: 21.06.2005

II

Inhaltsverzeichnis

Abbildungsverzeichnis   III

Tabellenverzeichnis   III

Abkürzungsverzeichnis   IV

1. Einleitung   1

2. Grundlagen und theoretischer Überblick   2
   2.1. Grundlagen des e-Learning 2
   2.2. Semantische Beschreibung 3
   2.3. Metadaten im e-Learning 4

3. Metadatenkategorien im e-Learning   5
   3.1. Administrativer Bereich 5
   3.2. Beschreibender Bereich 7
   3.3. Technischer Bereich 8
   3.4. Pädagogisch-didaktischer Bereich 9
   3.5. Wirtschaftlich-rechtlicher Bereich 10

4. Aktuelle Metadatenstandards im Rahmen der semantischen Beschreibung   11
   4.1. Dublin Core Metadata Initiative 11
   4.2. Learning Object Metadata 12
   4.3. Technische Realisierung 13

5. Kontextabhängige semantische Beschreibung   15
   5.1. Gründe für die kontextabhängige Beschreibung 15
   5.2. Technische Realisierung mit RDF 17

6. Schlussbetrachtungen   19

Literaturverzeichnis   20

III

Abbildungsverzeichnis

Abbildung 1: „Metadatenbeschreibung mit XML und XMLS"   14

Abbildung 2: „XML Metadatenbeispielinstanz" ....
15

Tabellenverzeichnis

Tabelle 1: Metadatenthematiken des administrativen Bereichs..6

Tabelle 2: Metadatenthematiken des beschreibenden Bereichs..7

Tabelle 3: Metadatenthematiken des technischen Bereichs...8

Tabelle 4: Metadatenthematiken des pädagogisch-didaktischen Bereichs...............................9

Tabelle 5: Metadatenthematiken des wirtschaftlich-rechtlichen Bereichs...............................10

Abkürzungsverzeichnis

Advanced Distributed Learning	=	ADL
Computer based Training	=	CBT
Dublin Core Metadata Initiative	=	DCMI
Educational Modelling Language	=	EML
Hypertext Markup Language	=	HTML
Identifier	=	ID
Institute of Electrical and Electronics Engineers	=	IEEE
Informations- und Kommunikationstechnologie	=	IKT
Learning Object Metadata	=	LOM
Resource Description Framework	=	RDF
Resource Description Framework Schema	=	RDFS
Shareable Content Object Reference Model	=	SCORM
Uniform Resource Identifier	=	URI
World Wide Web Consortium	=	W3C
Web-Content-Managementsystem	=	WCMS
Web based Training	=	WBT
Web Ontology Language	=	OWL
Extensible Markup Language	=	XML
Extensible Markup Language Schema	=	XMLS
Extensible Hypertext Markup Language	=	XHTML

1. Einleitung

Mit dem Entstehen des e-Learning konnten viele Bereiche der Aus- und Weiterbildung automatisiert werden. Dies lag besonders im Interesse der Anbieter, da diese sich dadurch Kosten-, Zeit- und Flexibilitätsvorteile versprachen. Aber auch für den Konsumenten, also den Lernenden brachte das e-Learning eine Reihe von Vorteilen. So kann die Lehre Orts- und zeitunabhängig erfolgen, was zu mehr Flexibilität und einer Zeitersparnis beim Lernenden führt. Durch personalisierte und multimediale Darstellungen sollen außerdem die Motivation und der Lernerfolg beim Lernenden gesteigert werden.

In den meisten Fällen lässt sich die Lehre nicht vollständig durch e-Learning realisieren und muss durch konventionelle Formen, wie z.B. Unterricht, Seminare oder Workshops ergänzt werden. Gründe dafür sind neben der mangelnden Verfügbarkeit der Technik, vor allem Wissenstransferbarrieren, die nur durch den persönlichen Kontakt von Lehrenden und Lernenden überwunden werden können.

E-Learning wird unmittelbar mit Computern und Internet in Zusammenhang gebracht und neben statischen Darstellungen in Form eines CBT, in zunehmendem Maße online abgewickelt. Neben der Darstellung der Kurse in Form eines WBT, wird auch die Erstellung der Kurse in Netzwerken mit verteilten Ressourcen online vollzogen. Dies erfordert jedoch das Beschreiben der e-Learning-Inhalte durch reiche, standardisierte und vielfältig verwendbare Metadaten.[1]

Wie diese Beschreibung von e-Learning-Inhalten vollzogen werden kann, soll im Rahmen dieser Arbeit gezeigt werden, dazu werden verschiedene Methoden und technische Realisierungen der semantischen Beschreibung vorgestellt. Dabei sollen besonders die Belange des e-Learning näher untersucht und in Form eines Anforderungskataloges für Beschreibungskategorien dargestellt werden. Des weiteren soll geklärt werden, inwieweit aktuelle Metadatenstandards diesen Anforderungen genügen.

In Kapitel 2 werden zunächst grundlegende Begriffe, die für das Verständnis dieser Arbeit notwendig sind, erläutert. Es werden dabei verschiedene Stufen der semantischen Beschreibung vorgestellt, die anschließend in den weiteren Kapiteln näher betrachtet werden sollen. In Kapitel 3 werden die wichtigsten Metadatenkategorien für das e-Learning vorgestellt, um damit in Kapitel 4 die Eignung aktueller Metadatenstandards zu prüfen. Außerdem wird die technische Realisierung mit Hilfe von XML vorgestellt, bevor in Kapitel 5 auf Gründe und Realisierung der kontextabhängigen semantischen Beschreibung eingegangen wird. Im 6. Kapitel soll ein Fazit gezogen und geprüft werden, ob die Zielstellung erreicht wurde.

---

[1] Vgl. Baumgartner, 2004, S. 555

2. Grundlagen und theoretischer Überblick

In den folgenden Unterpunkten sollen grundlegende Begriffe, die für das Verständnis der Arbeit notwendig sind, definiert und ein theoretischer Überblick gegeben werden.

2.1. Grundlagen des e-Learning

Der Begriff des e-Learning kann als elektronisch unterstütztes Lernen aufgefasst werden. Diese Auffassung lässt jedoch noch einen weiten Interpretationsspielraum zu, so dass eine Begriffsabgrenzung notwendig ist. „E-Learning ist IKT unterstütztes Lernen mit Hilfe von Multimedia oder Hypermedia Inhalten, welches die Kommunikation sowohl zwischen Lernenden und Lehrenden, als auch zwischen Lernenden ermöglicht."[2]

Da das e-Learning durch IKT unterstützt wird, hat sich eine neue Systemklasse, die als e-Learning-Plattformen bezeichnet werden, herausgebildet. „E-Learning-Plattformen oder Suites bieten eine integrierte Umgebung für das organisationsweite Management von Lernmodulen und computerunterstütztes Lernen. Sie bieten Funktionen für die Erstellung von Lerninhalten, Nutzung und Verteilung dieser, Kommunikation und Zusammenarbeit zwischen Teilnehmern, Evaluieren von Teilnehmern und zum Managen von Lernenden, Kursen, Inhalten und des Lernprozesses."[3] Mit Hilfe der e-Learning-Plattformen werden Lernobjekte erstellt, bearbeitet, verknüpft und dem Nutzer zugänglich gemacht. Das IEEE definiert ein Lernobjekt als ein „ [...] digitales oder nichtdigitales Element, dass zum Lernen, Ausbilden oder Unterrichten verwendet werden kann."[4] Nach dieser Definition kann sowohl eine ganze Kurseinheit als auch ein einzelnes Textstück ein Lernobjekt darstellen, so dass für e-Learning-Plattformen, die große Bibliotheken von Lernobjekten verwalten müssen, eine entsprechende Beschreibung der Lernobjekte notwendig wird. Im e-Learning werden Inhalte meist nicht direkt erstellt und dem Lernenden zugänglich gemacht, sondern aus verschiedenen modularen Lernobjekten zusammengesetzt und ggf. ergänzt. Dadurch wird es möglich, einzelne Lernobjekte flexibel zu kombinieren, wieder zu verwenden und Inhalte auf die Bedürfnisse der Nutzer abzustimmen.[5] Dieses erfordert wiederum eine Beschreibung der Lernobjekte, die sowohl formale, strukturelle als auch inhaltliche Aspekte dieser erfassen kann.

Die Beschreibung der Lernobjekte kann manuell durch den Nutzer erfolgen, sollte aber zum größten Teil automatisch durch die e-Learning-Plattformen geschehen.

---

[2] Maier et. al., 2005, S.297 „E-learning is ICT-supported learning with the help of multimedia or hypermedia contents that enable communication between learners and teachers as well as among learners"
[3] Maier et. al., 2005, S.309 „E-learning platforms or suites provide an integrated environment for the organization-wide management of learning. They provide functions for creating learning contents, presenting and using them, for communication and collaboration between participants, to evaluate learners and to manage learners, contents and learning processes."
[4] IEEE, 2002, S.5 „a learning object is defined as any entity - digital or non-digital - that may be used for learning, education or training."
[5] Vgl. Hambach, 2003, S. 183

2.2. Semantische Beschreibung

Aus der Sicht des Informationsmanagements befasst sich die Semantik mit der möglichen inhaltlichen Bedeutung der Zeichen und der Beziehung zwischen Zeichen und deren Bedeutung.[6] In der Informatik wird die Semantik als eine Interpretationsvorschrift verstanden.[7] Die semantische Beschreibung ist also als eine bedeutungsreiche Beschreibung von Informationsobjekten zu verstehen.

Nach Jablonski kann die semantische Beschreibung von Inhalten in WCMS in 3 Kategorien eingeteilt werden.[8] Da die semantische Beschreibung in einem WCMS der Beschreibung von e-Learning-Inhalten sehr ähnlich ist, soll diese Einteilung nun näher betrachtet werden.

In der ersten Kategorie werden Metainformationen über ganze Webseiten gesammelt, ohne jedoch einzelne Elemente dieser Seite separat zu beschreiben.[9] Im e-Learning könnte dies durch eine Beschreibung von ganzen e-Learning-Kursen, die auch als Webseite publiziert werden können, geschehen. Durch die starke Modularisierung und Wiederverwendung einzelner Lernobjekte, reicht diese Form der semantischen Beschreibung jedoch nicht aus.

In der zweiten Kategorie werden einzelne Elemente beschrieben. Den Elementen wird dazu ein Attribut mit einer semantischen Beschreibung zugeordnet. Diese Zuordnung ist statisch und unabhängig vom Kontext der Verwendung, ermöglicht jedoch eine Wiederverwendung in mehreren Publikationen.[10] Diese Kategorie erlaubt die Beschreibung einzelner Lernobjekte, so dass eine Wiederverwendung im Rahmen einer modularen Kurszusammenstellung gewährleistet werden kann. Hierzu kann einem Lernobjekt ein Attribut mit einer semantischen Beschreibung in Form eines Metadatensatzes zugeordnet werden. Die Zuordnung dieses Metadatensatzes zu dem Lernobjekt kann jedoch nicht kontextabhängig spezifiziert werden. Sollten Lernobjekte in verschiedenen Kontexten eingesetzt oder differenziert beschrieben werden müssen, so reicht dieser Ansatz nicht aus.

Die dritte Kategorie ermöglicht als Erweiterung der zweiten Kategorie, die kontextbezogene Beschreibung von Elementen durch Attribute. Eine Beschreibung der verwendeten Elemente untereinander ist ebenfalls möglich, so dass der Aufbau semantischer Netze erfolgen kann.[11] Durch diese Art der Beschreibung können nun einzelne Lernobjekte in Verbindung gebracht und ihre Beschreibung vom Kontext abhängig gemacht werden.

Die Erfassung der Beschreibung einzelner Lernobjekte nach allen 3 Kategorien, erfolgt durch Metadaten, die als das Attribut mit der semantischen Beschreibung des Lernobjekts aufgefasst werden können. Metadatenstandards liefern dazu standardisierte Schablonen für die

---

[6] Vgl. Krcmar, 2005, S.16
[7] Vgl. Goos, 2000, S.12
[8] Vgl. Jablonski et. al., 2003
[9] Vgl. ebenda
[10] Vgl. ebenda
[11] Vgl. ebenda

Beschreibung von Informationsobjekten. Je bedeutungsreicher diese Informationsobjekte beschreiben können, desto semantikreicher sind sie.[12]

Da Metadaten ein essentieller Bestandteil der semantischen Beschreibung sind, sollen in Kapitel 3 die im e-Learning relevanten Metadatenkategorien näher betrachtet werden.

2.3. Metadaten im e-Learning

Metadaten können als Daten über Daten[13], aber auch als eine Strukturbeschreibung aufgefasst werden.[14] Metadaten sind die Summe von Informationen, die über ein Informationsobjekt gesammelt werden, und lassen sich in die Kategorien Inhalt, Kontext und Struktur gliedern.[15] Metadaten ermöglichen allgemein die Beschreibung, Nutzung, Suche und das Management von Informationsobjekten.[16] Im Bereich der Aus- und Weiterbildung können Metadaten Wissensmaterialien unter verschiedenen Aspekten, wie beispielsweise technische, inhaltliche oder pädagogische Eigenschaften, oder die Beziehung zu anderen Wissensmaterialien charakterisieren.[17]

Die Metadaten beschreiben nicht nur den Inhalt in Form von bibliografischen oder erstellerspezifischen Angaben, die z.b. die Suche erleichtern, sondern sie beschreiben auch, wie der Inhalt verwendet werden soll, für wen der Inhalt bestimmt ist, wie die Vernetzung des Inhaltes mit anderen Inhalten beschaffen ist oder wie er technisch eingesetzt werden kann.[18] Die große Bedeutung der Metadaten im e-Learning resultiert aus der Notwendigkeit der Deskribierung der Inhalte im Hinblick auf die modularisierte bzw. personalisierte Nutzung.

Damit Metadaten innerhalb der Organisation und auch organisationsübergreifend ausgetauscht werden können, ist eine Standardisierung des Formates notwendig, da sonst viele unterschiedliche Klassifikationen für eine Beschreibung, wie z.B. Ersteller, Autor oder Schreiber auftreten, und zu Kompatibilitätsproblemen führen könnten.[19] Als Ziele der Standardisierung werden eine Steigerung der Erreichbarkeit, Anpassbarkeit, Wirtschaftlichkeit, Nachhaltigkeit, Interoperabilität, Wiederverwendbarkeit, Handhabbarkeit und Erweiterbarkeit genannt.[20]

Im e-Learning gibt es zurzeit nicht nur einen Metadatenstandard, sondern eine Reihe von Standardisierungen, Empfehlungen und Arbeitsversionen mit zum Teil sehr vielen Erweiterungen. Welche Bereiche eines Lernobjektes aus Sicht des e-Learning von einem Metadatenstandard erfasst werden sollten, wird daher das nächste Kapitel klären.

---

[12] Vgl. Faust, 2005, S. 29-30
[13] Vgl. Maier et. al., 2005, S. 176
[14] Vgl. Heuer, Saake, 2000, S. 419
[15] Vgl. Gilliland-Sweetland, 2000
[16] Vgl. Krcmar, 2005, S. 74
[17] Vgl. Feuerhelm, 2004, S. 2
[18] Vgl. ebenda, S. 3-4
[19] Vgl. Brush et. al., 2004, S. 556
[20] Vgl. ADL, 2004

3. Metadatenkategorien im e-Learning

Soll ein Dokument, das z.b. e-Learning Inhalte enthält, semantisch beschrieben werden, bedeutet dies, dass die Beschreibung durch Metadaten repräsentiert werden muss.[21] Neben den in allen zu beschreibenden Gebieten gleichen Metadaten, ist es in jedem Anwendungsbereich notwendig, spezielle Metadaten, die die Charakteristika dieses Bereichs wiederspiegeln, zu erfassen. Um ein Dokument mit e-Learning Inhalten möglichst gut beschreiben zu können, sollten deshalb die zu erfassenden Metadatenkategorien bereits im Vorfeld festgelegt werden. Gilliland-Swetland kategorisiert Metadaten für digitale Objekte allgemein in die 5 Bereiche: Administrative, Descriptive, Preservation, Technical und Use.[22] Diese allgemeine Kategorisierung für Metadaten, ist jedoch für die Untersuchung im e-Learning Umfeld zu allgemein, da wichtige spezifische Elemente für das e-Learning, wie beispielsweise didaktische Elemente, fehlen. Das LOM Metamodell definiert speziell für den e-Learning Bereich die folgenden 9 Kategorien: General, Life Cycle, Meta-Metadata, Technical, Educational, Rigths, Relation, Annotation, Classification.[23]

Beide Kategorisierungen haben viele Gemeinsamkeiten, weisen jedoch an vielen Stellen charakteristische Unterschiede auf. In diesem Kapitel werden aus diesen beiden Kategorisierungen und weiteren Elementen, Metadatenkategorien mit den wichtigsten Themenbereichen für das e-Learning entwickelt und vorgestellt. In einer Tabelle für jede Kategorie werden die Themenbereiche, die durch Metadaten beschrieben werden sollten, in der Spalte „in dieser Arbeit" dargestellt und den Vergleichselementen aus den beiden vorgestellten Kategorisierungen gegenübergestellt.

Dabei soll es sich ausdrücklich um Themenbereiche handeln und nicht um spezifische Elemente. Es wird ein Überblick der wichtigsten Metadatenkategorien und deren Themenbereiche mit Kontext zum e-Learning gegeben. Die Kategorisierung kann als Grundlage zur Auswahl eines Metadatenstandards herangezogen werden, indem überprüft wird, inwieweit der Standard die genannten Themenbereiche beschreiben kann.

3.1. Administrativer Bereich

Im administrativen Bereich werden Beschreibungen über das Lernobjekt erhoben, die für dessen Verwaltung und Verwendung in einer e-Learning Plattform notwendig sind. Dazu werden nun die einzelnen Elemente von Tabelle 1 näher betrachtet.

---

[21] Vgl. Wood, 1999
[22] Vgl. Gilliland-Swetland, 2000
[23] Vgl. IEEE, 2002, S10 - 36

Tabelle 1: Metadatenthematiken des administrativen Bereichs

In dieser Arbeit	nach Gilliland – Swetland[A]	nach LOM – Metadatenmodell[B]
Identifikation	Identifier	Identifier
Titelbeschreibung	Title	Title
Ortsbeschreibung	Location Information	Entry
Versionierung	Version control	Version & Status
Weiterverwendung	Content re-use	%
Nutzungsinformationen	User tracking & Audit trails	%
Metadatensatzinformationen	%	Meta-Metadata

[A] Vgl. Gilliland-Swetland, 2000
[B] Vgl. IEEE, 2002, S.10 – 18

Um ein Lernobjekt in einer e-Learning Plattform nutzen zu können, ist eine eindeutige Bezeichnung notwendig. Die Identifikation kann durch eine ID, URI oder durch Kombination verschiedener Elemente erfolgen, wichtig ist nur, dass die Identifikation innerhalb des Verwendungsrahmens eindeutig ist. Die Titelbeschreibung soll es ermöglichen, einem Lernobjekt einen prägnanten Namen zu geben, so dass die Auswahl erleichtert wird. Mit Hilfe der Ortsbeschreibung kann der Nutzer bzw. das System auf die Ressource zugreifen, wobei die Angabe mehrerer Quellen in Peer to Peer Systemen sinnvoll sein kann. Bei der Versionierung sollen neben der Angabe der Versionsnummer auch Metadaten über die beteiligen Personen, erfolgte Änderungen oder den Status des Dokumentes, wie z.B. Entwurf oder Endversion, erhoben werden. Neben der Verbesserung der Recherche nach Lernobjekten ist es auch möglich, dass Benachrichtigungsdienste bisherige Nutzer, Mitautoren oder Abonnenten dieser Kategorie über neue Lehrmaterialien informieren.[24]

Um die bisherigen Nutzer bestimmen zu können oder auch um ein automatisches Update von verbesserten Versionen in modularisierten Lerneinheiten ermöglichen zu können, sollte die Weiterverwendung des Lernobjektes beschrieben werden können. Auch zu statistischen Auswertungen können diese Beschreibungen, wie auch die Nutzungsinformationen verwendet werden. Die Nutzungsinformationen sollten das Nutzungsverhalten für das Lernobjekt im Hinblick auf alle Nutzerklassen beschreiben können, um so Verbesserungspotentiale für das Lernobjekt eruieren zu können.

Zusätzlich sollte es möglich sein, die Zugriffe auf das Lernobjekt, zur Wahrung rechtlicher und wirtschaftlicher Ansprüche, zu protokollieren. Metasatzinformationen sollen die verwendete Metadatenstruktur selbst beschreiben können, um so einen Austausch zwischen e-Learning-Plattformen mit verschiedenen Metadatenstrukturen gewährleisten zu können. Somit kann die notwendige Verwaltung der Beschreibung selbst gewährleistet werden.[25]

---

[24] Vgl. Simon, 2001, S.55
[25] Vgl. Jablonski, et. al., 2003

3.2. Beschreibender Bereich

Der beschreibende Bereich konzentriert sich mit seinen in Tabelle 2 beschriebenen Thematiken auf die inhaltliche und kontextbezogene Beschreibung des Lernobjektes. Diese Metadaten
sind zumeist für die Auswahl und Suche von Lernobjekten von Bedeutung und sollen nun
näher betrachtet werden.

Tabelle 2: Metadatenthematiken des beschreibenden Bereichs

In dieser Arbeit	nach Gilliland – Swetland[A]	nach LOM – Metadatenmodell[B]
Schlagwörter	Finding Aids	Keyword
Kurzzusammenfassung	Exhibit records	Description
Ziel-/ Nutzenbeschreibung	%	Purpose
Sprachinformationen	%	Language
Umfang	%	Duration
Granularitätsbeschreibung	%	Aggregation Level
Struktur	%	Structure
Anmerkungen der Nutzer	Annotations by Users	Annotations
Erstellungsinformationen	Cataloging records	Contribute
Beziehung zu anderen Ressourcen	Relationships between resources	Taxon Path & Relations
Bereichseinordnung	%	Coverage

[A] Vgl. Gilliland-Swetland, 2000
[B] Vgl. IEEE, 2002, S.10 – 18

Schlagwörter sind ein traditionelles Hilfsmittel zur Beschreibung von Informationsobjekten,
z.B. für Bücher in einer Bibliothek. Sie haben sich bewährt und stellen auch im Rahmen einer
e-Learning-Plattform ein adäquates Hilfsmittel zur Unterstützung der Suche dar.

Die Kurzzusammenfassung soll es dem Suchenden ermöglichen, einen besseren inhaltlichen
Überblick über das Lernobjekt durch eine Kurzcharakteristik des Inhalts zu bekommen. Dieses Ziel soll ebenfalls mit der Ziel- /Nutzenbeschreibung erreicht werden, wobei der Nutzen
des Lernobjektes im Lehrkontext besonders hervorgehoben werden sollte. Die Bereichsein-
ordnung soll die Einordnung in eine nutzerspezifische Struktur ermöglichen und somit ein
besseres Auffinden des Lernobjektes ermöglichen.

Die Sprachinformationen können als ein Auswahl- oder Suchkriterium verwendet werden,
können aber ebenso im Rahmen der Personalisierung genutzt werden. So könnten beispielsweise inhaltlich gleiche Lernobjekte mit unterschiedlichen Sprachinformationen in einem modularisierten Kurs hinterlegt werden und bei der Sprachwahl entsprechend aufgerufen werden.

Die Beschreibung des Umfangs soll eine Beschreibung verschiedenster Lernobjekte ermöglichen. Bei Video- oder Audioinformation kann z.B. die Zeit erfasst werden und zur Zeitplanung des Kurses herangezogen werden. Sind die Inhalte eines Lernobjektes textueller Natur,

so kann der Umfang z.B. durch die Anzahl der Worte oder Zeichen bestimmt we rden und so zur Größenplanung eines Kurses verwendet werden.

Die Granularitätsbeschreibung soll den Inhalt des Lernobjekts nach Granularitätsstufen, wie z.B. Kurs, Text oder Lehrmodul beschreiben, um die Suche zu erleichtern. Die Strukturinfo rmationen sollen die inhaltliche Struktur des Lernobjektes beschreiben und somit ermögl ichen, dass Lernpfade oder Gliederungen eingesehen und ggf. in eine globale Struktur übernommen werden können.

Anmerkungen der Nutzer sollten mit dem Ziel der Weiterentwicklung und der besseren Ve r-wendbarkeit des Lernobjektes gespeichert werden können. So wird es den Nutzern ermö glicht, einen Dialog zu initiieren und auf diese Weise eigene Erfahrungen weiterzugeben. Auch Web -Diskussionen zu einem Lernobjekt können auf diese Weise realisiert werden. [26]

Die Erstellungsinformationen geben neben Datums- und Systeminformationen auch Auskunft über den Autor, dessen Zugehörigkeit zu Institutionen und Reputationen. Diese Informationen können eine wichtige Entscheidungsgrundlage bei der Auswahl von Lernobjekten bilden. [27]

Die Beziehung zu anderen Ressourcen kann eine Einordnung in Wissensstrukturen er möglichen, durch Beschreibungen von Beziehungen wie z.B. „ist Teil von" oder „besteht aus" kann somit ein Lernobjekt in eine Taxonomie eingeordnet werden. Dies ermöglicht es, modular aufgebaute Kurse mit Hilfe der Einzelobjektbeschreibungen zu beschreiben. Es kann jedoch noch keine kontextspezifische Beschreibung der Lernobjekte erreicht werden und somit keine Beschreibung nach Jablonskis Kategorie 3.

3.3. Technischer Bereich

Die Themen des technischen Bereichs dienen der Verarbeitbarkeit des Lernobjektes durch IKT und beschreiben die technischen Eigenschaften des Lernobjektes. Die Themen sind in Tabelle 3 dargestellt und werden nun näher betrachtet.

Tabelle 3: Metadatenthematiken des technischen Bereichs

In dieser Arbeit	nach Gilliland – Swetland[A]	nach LOM – Metadatenmodell[B]
Dateiinformationen	Digitization information	Format & Size
Systemanforderungen	Hard- and Software documentation	Requirements
Konfigurationshinweise	%	Installation Remarks
Layoutinformationen	%	%
Sicherungsinformationen	Metadata for recordkeeping systems	%
Aufbewahrungsinformationen	physical condition of resources	%

[A] Vgl. Gilliland-Swetland, 2000
[B] Vgl. IEEE, 2002, S.10 – 18

---

[26] Vgl. Brush et. al., 2002
[27] Vgl. Kortzfleisch et. al., 1999, S.54

Die Dateiinformationen geben neben dem Format und der Größe auch andere Beschreibungen des Lernobjektes wie z.B. Kompressionsraten oder Prüfsummen wieder. Diese Beschreibungen dienen der Verarbeitbarkeit durch IKT Systeme. Die Systemanforderungen eines Lernobjektessollen sowohl hardware- als auch softwareseitige Restriktionen beschreiben. Neben der Sicherstellung der Verarbeitbarkeit beim Kursautor, muss diese vor allem beim Nutzer gewährleistet werden können. Eine Auswahl von Lernobjekten, deren Systemanforderungen sich im Rahmen des Nutzerprofils befinden, kann so ermöglicht werden.

Die Konfigurationshinweise beschreiben notwendige Einstellungen und Konfigurationsmaß-nahmen im Umgang mit dem Lernobjekt und sollen so eine bessere Handhabung unterstützen.

Die Layoutinformationen beschreiben die inhaltliche Darstellung eines Lernobjektes z.B. durch Formatierungen, Schriftgrößen oder Farben. So kann es den Systemen ermöglicht werden, diese änderbaren Optionen des Layouts den Bedürfnissen des Nutzers anzupassen.

Sicherungsinformationen enthalten Beschreibungen zur Sicherung des Lernobjektes, wie z.B. das Datum der letzten Sicherung, Priorität oder Form der Sicherung für das Lernobjekt. Die Aufbewahrungsinformationen geben dann an, an welcher Stelle und in welchem System sich erstellte Sicherungen und das Original befinden. Auf diese Weise kann die Verfügbarkeit des Lernobjektes beurteilt und als Auswahlkriterium verwendet werden. Soll z.B. für einen Kurs, der auf Anfrage zusammengestellt wird (Trennung von Inhalt und Struktur), ein Inhalt gefunden werden, so bieten sich Lernobjekte, die auf Magnetbändern gesichert sind, sicher nicht an. Durch die Nutzung dieser Informationen können Datenverluste in den Primärsystemen, durch Zurückgreifen auf Sicherungen, überbrückt werden.

3.4. Pädagogisch-didaktischer Bereich

Die Metadatenelemente dieses Bereichs repräsentieren sehr spezielle Anforderungen des e-Learning an die Beschreibung. Die Notwendigkeit der didaktischen und pädagogischen Beschreibung von Lernobjekten, ergibt sich dabei aus der Nutzung im Rahmen der Lehre. Dargestellt in Tabelle 4, werden diese Elemente nun näher beschrieben.

Tabelle 4: Metadatenthematiken des pädagogisch-didaktischen Bereichs

In dieser Arbeit	nach Gilliland – Swetland[A]	nach LOM – Metadatenmodell[B]
Lehrform	%	Interactivity Type
Lehrmaterialientyp	%	Learning Resource Type
Lernziel	%	%
Nutzerrolle	%	Intended End User Role
Zielgruppe	%	Context
Schwierigkeitsgrad	%	Difficulty
Vorkenntnisse	%	%
Bearbeitungszeit	%	Typical Learning Time

[A] Vgl. Gilliland-Swetland, 2000
[B] Vgl. IEEE, 2002, S.10 – 18

Die Lehrform legt fest, für welche Art der Lehre oder für welche didaktische Methode das Lernobjekt geeignet ist, und der Lehrmaterialientyp, was der konkrete Einsatzbereich ist, wie beispielsweise Aufgabe, Grafik oder Animation. Das Lernziel spezifiziert die Zielstellung, die aus didaktischer Sicht mit dem Lernobjekt erreicht werden kann. Die Festlegung dieser Metadaten bildet die Grundlage für die Wiederverwendung von Lernobjekten und ermöglicht eine zielgerechte Suche und Zusammenstellung von Lernobjekten zu Kursen.[28] Die Eignung eines Lehrobjektes für ein Lehrziel oder eine didaktische Methode kann von einem Experten festgelegt und muss nicht unbedingt vom Kursautor durchgeführt werden.

Nicht jedes Lernobjekt ist für den Lernenden gedacht, deshalb muss spezifiziert werden, für welche Nutzergruppe, wie z.B. Autoren, Lehrende oder Lehrer, es gedacht ist.

Durch die Zuordnung einer Zielgruppe, notwendiger Vorkenntnisse und eines Schwierigkeitsgrades zu einem Lernobjekt können Kurse aus Lernobjekten, die einem bestimmten Lernerprofil entsprechen, zusammengesetzt werden. Dies erleichtert zum einen die Suche nach speziellen Lernobjekten und gewährleistet zugleich die Eignung für die Zielgruppe.

Durch die Definition der prognostizierten Bearbeitungszeit wird eine Zeitplanung für Kurse ermöglicht. Auch hier liegt die Abschätzung dieser Zeit beim Ersteller bzw. bei einem Experten und muss nicht vom Kursautor vorgenommen werden.

3.5. Wirtschaftlich-rechtlicher Bereich

Zur Wahrung der wirtschaftlichen und rechtlichen Interessen des Erstellers bzw. des Eigentümers eines Lernobjektes sollen die Beschreibungen dieses Bereiches beitragen. Die einzelnen Themen sind in Tabelle 5 dargestellt und sollen im Folgenden näher betrachtet werden.

Tabelle 5: Metadatenthematiken des wirtschaftlich-rechtlichen Bereichs

In dieser Arbeit	nach Gilliland – Swetland[A]	nach LOM – Metadatenmodell[B]
Nutzungsbedingungen	legal access requirements	Copyright
Kostenaspekte	%	Cost
Sicherheitsinformationen	Authentication and security data	%
Wissensbilanz	%	%
Zertifizierung	%	%

[A] Vgl. Gilliland-Swetland, 2000
[B] Vgl. IEEE, 2002, S.10 – 18

Die Mehrfachnutzung von Lernobjekten setzt eine Betrachtung von Urheberrechten voraus, da die Inhalte nicht nur vom Autor selbst verwendet werden. Die Nutzungsbedingungen legen

---

[28] Vgl. Baumgartner, 2004, S.11-12

urheberrechtliche und haftungsrechtliche Details fest und definieren damit wer, wann, wie und wo unter welchen Bedingungen das Lernobjekt nutzen darf.

Die Kostenaspekte beschreiben, welche Kosten bei einer bestimmten Nutzung des Lernobjektes entstehen. Es sollten Kosten für verschiedene Nutzergruppen beschreibbar sein, um nicht nur die Abrechnung bei den verschiedenen Kursautoren, sondern auch bei Nutzern zu ermöglichen. Die Informationen zu den Kostenaspekten können durch spezielle Abrechnungssysteme oder durch in e-Learning-Plattformen integrierte Module zur Abrechnung genutzt werden. Sicherheitsinformationen beschreiben die Sicherungsmechanismen des Lernobjektes, z.B. Verschlüsselungsroutinen oder Berechtigungskonzepte. Diese Beschreibungen dienen dem Zugriffschutz der Lernobjekte und werden durch e-Learning-Plattformen genutzt.

Beschreibungen zum Thema Wissensbilanz sollten den in einer Wissensbilanz ausgewiesenen Wert, Produktionskosten oder auch andere Kenngrößen abbilden können, um den Bilanzierungsprozess technisch zu unterstützen.[29]

Beschreibungen im Bereich der Zertifizierung sollen darstellen, für welche Zertifizierungen bzw. Abschlüsse das Lernobjekt gedacht ist. Beschrieben werden kann beispielsweise, dass bestimmte rechtliche Anforderungen einer Zertifizierung erfüllt sind, oder dass es sich um einen verpflichtenden Baustein einer Ausbildung handelt. Diese Kategorie ist wichtig zur Auswahl eines Lernobjektes und um die Einhaltung gesetzlicher Auflagen sicherzustellen.

4. Aktuelle Metadatenstandards im Rahmen der semantischen Beschreibung

Im folgenden Kapitel sollen die beiden wichtigsten Metadatenstandards aus dem e-Learning-Bereich vorgestellt und - mit den Metadatenkategorien aus Kapitel 3 - auf ihre Eignung mit Hilfe des Schulnotensystems geprüft werden. Im Anschluss daran soll gezeigt werden, wie eine Beschreibung technisch gestaltet werden kann, um eine semantische Beschreibung nach Jablonskis Kategorie 1 und 2 zu erreichen.

4.1. Dublin Core Metadata Initiative

Die DCMI wurde 1995 auf einem Kongress in Dublin (Ohio) gegründet. Die Idee kam dabei aus dem bibliothekarischen Bereich und sollte es ermöglichen, elektronisch gespeicherte Dokumente zu beschreiben. Die Beschreibung soll dabei möglichst einfach sein, um eine universelle Verwendbarkeit gewährleisten zu können und besteht im Kern aus den folgenden 15 Elementen: Title, Creator, Subject, Description, Publisher, Contributor, Date, Type, Format, Identifier, Source, Language, Relation, Coverage und Rights.[30]

---

[29] Vgl. Alznauer, 2005
[30] Vgl. DCMI, 2005

Im administrativen Bereich können die Bereiche Identifikation durch das Element Identifier, Titelbeschreibung durch das Element Title und Ortsbeschreibung durch Source beschrieben werden. Die anderen Thematiken dieses Bereiches können durch die DCMI nicht erfasst werden, da diese jedoch für den e-Learning- Bereich sehr bedeutsam sind, wird die Eignung als mangelhaft (5) eingestuft.

Im beschreibenden Bereich, können Schlagwörter durch Subject, Kurzzusammenfassung durch Description, Sprachinformationen durch Language, Erstellungsinformationen durch Publisher, Creator und Contributor, Beziehung zu anderen Ressourcen durch Relation und Bereichseinordnungen durch Coverage beschrieben werden. DCMI kann die restlichen Thematiken dieses Bereichs nicht beschreiben, die wichtigsten werden jedoch gut erfasst. Die Eignung, diese Kategorie beschreiben zu können, soll deshalb als befriedigend (3) bewertet werden.

Im technischen Beeich können nur die Dateiinformationen durch das DCMI Element Format beschrieben werden. Da nur eine Thematik dieses Bereichs beschrieben werden kann, wird die Eignung als ungenügend (6) bewertet.

Im didaktisch-pädagogischen Bereich kann nur der Lehrmaterilientyp durch das DCMI Element Type beschrieben werden. Die Eignung diesen Bereich beschreiben zu können, wird ebenfalls mit ungenügend (6) bewertet.

Im wirtschaftlich-rechtlichen Bereich können lediglich die Nutzungsinformationen durch das Element Rights beschrieben werden, wodurch die Eignung wiederum mit ungenügend (6) zu bewerten ist.

Insgesamt scheint die DCMI für eine Beschreibung von e-Learning-Inhalten nicht geeignet zu sein, da aus Sicht des Autors nur eine Kategorie als befriedigend und die Restlichen als mangelhaft oder ungenügend beschrieben werden können. Es können einzelne Elemente um spezifische Attribute (Qualifier) erweitert werden,[31] dies ist jedoch nicht ausreichend um alle Themenbereiche beschreiben zu können.

4.2. Learning Object Metadata

Das LOM Modell wurde von der IEEE speziell für den e-Learning-Bereich entwickelt und soll besonders die Wiederverwendung von Lernmaterilien unterstützen.[32] Eine Metadateninstanz beschreibt wichtige Charakteristika des Lernobjektes, zu dem es gehört. Diese Beschreibung erfolgt durch die 9 Kategorien general, life cycle, meta-metadata, educational, technical, educational, rights, relation, annotation und classification.[33] Auf Grund der weiten Verbreitung findet LOM auch in anderen Standards wie z.B. SCORM Verwendung.

---

[31] Vgl. DCMI, 2005
[32] Vgl. Feuerhelm, 2004, S. 28
[33] Vgl. IEEE, 2002, S. 5

Welche Elemente des LOM Modells einzelne Thematiken der Kategorien beschreiben können, kann den Tabellen aus Kapitel 3 entnommen werden. An dieser Stelle wird nur eine Bewertung ohne detaillierte Zuordnung stattfinden.

Im administrativen Bereich können 5 der 7 Themenbereiche beschrieben werden. Da Nut-
zungs- und Weiterverwendungsinformationen nicht beschrieben werden können, kann man die
Eignung mit befriedigend (3) bewerten.

Alle Themenbereiche des beschreibenden Bereiches können beschrieben werden, so dass man
die Eignung mit sehr gut (1) bewerten kann.

3 von 6 Themenbereichen des technischen Bereichs können durch LOM erfasst werden. Da es
sich dabei um die wichtigsten Themenbereiche handelt, wird die Eignung als ausreichend (4)
eingestuft.

Im pädagogisch-didaktischen Bereich werden 6 von 8 Themenbereiche durch LOM erfasst.
Da Vorkenntnisse und Lehrziele nicht erfasst werden können, wird die Eignung mit befriedigend (3) bewertet.

Im wirtschaftlich-rechtlichen Bereich können 2 der 5 Bereiche erfasst werden. Da die Thematiken der Wissensbilanzierung und Zertifizierung für viele Bereiche nicht sehr bedeutsam sind,
kann die Eignung als ausreichend (4) bewertet werden.

Insgesamt scheint es, dass LOM als Metadatenstandard für den e-Learning-Bereich geeignet
ist. Aus der Sicht des Autors konnten alle Bereiche zumindest ausreichend und ein Bereich
sogar als sehr gut beschrieben werden. Da das LOM ein erweiterbares Grundgerüst darstellt,
können die fehlenden Aspekte leicht hinzugefügt werden, so dass alle Thematiken beschrieben
werden können.

4.3. Technische Realisierung

Jablonski nennt als Möglichkeit der technischen Realisierungzur semantischen Beschreibung
der ersten Kategorie HTML-Metatags. Bei dieser sehr einfach zu implementierenden Methode
werden die Beschreibungen einfach zwischen die HTML Anweisungen geschrieben. Diese
Art der Beschreibung ist also unmittelbar an HTML gebunden, so dass ein nicht in HTML
vorliegendes Lernobjekt, nicht beschrieben werden kann.[34] HTML ist sehr einfach zu erlernen
und für die Browserdarstellung geeignet, bietet jedoch keine Möglichkeiten der Korrektheits-
prüfung gegenüber einer vorgegeben Struktur. Da HTML-Metadaten nur schwer durch Computer verarbeitet werden können, ist HTML keine geeignete Sprache zur Beschreibung von
Daten.[35]

---

[34] Vgl. Jablonski et. al., 2003
[35] Vgl. Daconta et. al., 2003, S. 134

14

Die Beschreibung der zweiten Kategorie soll durch eine Zuordnung eines Attributes mit semantischer Beschreibung zu einem Lernobjekt erfolgen. Als eine technische Realisierungsmöglichkeit wird dazu XHTML vorgeschlagen.[36]

Da Lernobjekte nicht nur Webseiten sind und da XML die Basis des Semantic Web ist, soll im Folgenden eine Lösung mit Hilfe von XML betrachtet werden. XML ist zurzeit die Standardbeschreibung für Metadaten, ist anwendungsunabhängig und bietet strukturelle und beschreibende Elemente.[37]

XML bietet den Vorteil, dass eine Struktur und ein Vokabular in Form eines XML Schemas vorgegeben werden kann. Jede XML -Instanz kann dabei auf Konformität gegenüber dem Schema geprüft werden. Entspricht die Instanz den Schemavorgaben, so ist sie „valid". Die Beschreibungen können auf diese Weise besser durch den Computer verarbeitet werden.[38]

Wie ein XML- Schema für eine XML -Instanz, gibt ein Metadatenstandard eine Struktur und ein Vokabular für ein Metadatum vor. Da Metadaten durch XML dargestellt werden sollen, werden die Metadatenstandards durch XML-Schemata repräsentiert.

Wie eine semantische Beschreibung eines Lernobjektes mit Hilfe von XML erfolgen kann, zeigt Abbildung 1. Das Lernobjekt wird dabei durch Metadaten beschrieben, die in einer XML- Datei abgespeichert werden. Der Pfeil mit der Aufschrift „gehört zu" soll ausdrücken, dass diese Beschreibung genau zu einem Lernobjekt gehört. Die Metadaten in der XML- Datei unterliegen dabei der Strukturvorgabe eines XML-Schemas, das einen konkreten Metadatenstandard repräsentieren könnte. Dieser gewährleistet nun, dass die Beschreibungen in einer standardisierten Form erfolgen und die maschinelle Verarbeitbarkeit gewährleistet werden kann.

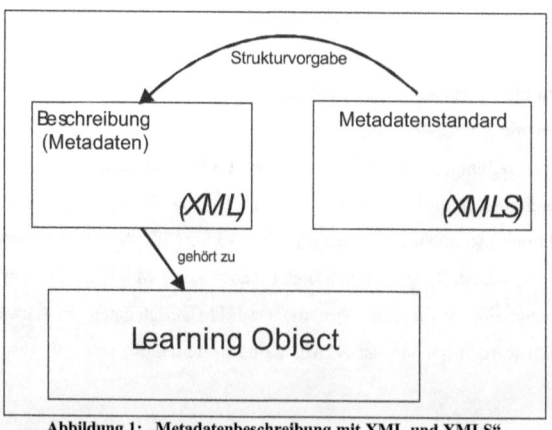

Abbildung 1: „Metadatenbeschreibung mit XML und XMLS"

---

[36] Vgl. Jablonski et. al., 2003
[37] Vgl. Daconta et. al., 2003, S. 27-28
[38] Vgl. ebenda, S. 37

Mit Hilfe von XML- Namespaces ist es möglich, global eindeutige Namen für Elemente und Attribute zu vereinbaren. Mit Hilfe einer URI kann ausgedrückt werden, wo Tags definiert wurden.[39] Wie solch eine konkrete XML- Instanz nach DCMI für diese Seminararbeit aussehen könnte, zeigt Abbildung 2. Für die Instanz *Metadata* wird für das Präfix „dc" der Namespace mit Hilfe der URI vereinbart. Mit Hilfe des Präfixes kann dann auf die einzelnen DCMI Elemente zugegriffen werden. Beispielhaft wird die Metadatenbeschreibung für den Ersteller, Titel und die Sprache dieser Arbeit vorgestellt.

```
<?xml Version="1.0" ?>

<metadata xmlns:dc="http://purl.org/dc/elements/">

     <dc:creator>Stefan Thalmann </dc:creator>

     <dc:title> Semantische Beschreibung von...</dc:title>

     <dc:language> Deutsch </dc:language>

     ...

</Metadata>
```

Abbildung 2: „XML Metadatenbeispielinstanz"

Insgesamt scheint es so, dass die Beschreibung von Metadaten auf Elementebene durch die XML-Technologie technisch gut realisiert werden kann. Die meisten Realisierungen und Forschungen basieren momentan auf einer XMLS basierten Technologie zur Beschreibung von Metadaten.[40]

5. Kontextabhängige semantische Beschreibung

Die dritte Beschreibungskategorie nach Jablonski soll die volle Mächtigkeit des Semantic-Web-Konzeptes des W3C[41] ausnutzen und damit eine kontextspezifische Beschreibung ermöglichen.[42] Im folgenden Kapitel sollen zuerst Gründe für die kontextabhängige Beschreibung aufgezeigt und anschließend Lösungsansätze für die technische Realisierung betrachtet werden.

5.1. Gründe für die kontextabhängige Beschreibung

Bei der Verwendung von XML und XMLS kann es, bei Verwendung verschiedener Metadatenspezifikationen in einem System, leicht zu Interoperabilitätsproblemen kommen. Durch die kontextabhängige Beschreibung kann die Interoperabilität signifikant gesteigert werden und die Suche in Beständen mit Abhängigkeiten zwischen Metadaten verschiedener Metadaten-

---

[39] Vgl. Daconta et. al., 2003, S. 42-43
[40] Vgl. Nilsson et. al., 2002
[41] Vgl. WWW, 2001
[42] Vgl. Jablonski et. al., 2003

standards wird stark vereinfacht.[43] Da es im e-Learning-Bereich viele verschiedene Standardisierungsbemühungen gibt und viele individuelle Erweiterungen z.B. des LOM-Modells, tritt dieses Problem in vielen Unternehmen selbst und erst recht untenehmensübergreifend auf.

Die logische Verknüpfung der verwendeten Ressourcen untereinander soll bei der kontextabhängigen Beschreibung ermöglicht werden.[44] Auf diese Weise können auch Beziehungen für Elemente die kein exaktes Pendant, aber einen Bezug zu einem Element eines anderen Metadatenstandards haben, beschrieben werden. Bei Bedarf können so Beschreibungen auf der Basis verschiedener Metadatenstandards eines Lernobjektes gemischt und gemeinsam verwendet werden.[45] Für modular zusammengesetzte Lernobjekte ist es auf diese Weise erheblich leichter, eine Beschreibung zu generieren.

Die Beschreibung einiger Charakteristika des Lernobjekts in Form von Metadatenelementen ist vom jeweiligen Nutzer abhängig. So könnten verschiedene Nutzer beispielsweise die Zugehörigkeit des Lernobjektes zu einer Thematik oder die Beziehung zu anderen Lernobjekten, unterschiedlich bewerten.[46]

Neben der nutzerspezifischen Abhängigkeit der Beschreibung ist auch die anwendungsspezifische Abhängigkeit der Beschreibung von großer Bedeutung. Wird das gleiche Lernobjekt in verschiedenen Anwendungsgebieten eingesetzt, kann es dort Beziehungen zu anderen Ressourcen, andersartige Beziehungen oder andere Bedeutungen haben.

Um die Beschreibungen des Verwendungskontextes der Ressource entsprechend wiedergeben zu können, ist es in diesen Fällen notwendig, die Einordnung entsprechend anzupassen. Geben die ersten beiden Ansätze der semantischen Beschreibung nach Jablonski die Metadaten zentralistisch vor, so kann im Rahmen der kontextabhängigen Beschreibung die Beschreibung dem Einsatzszenario und persönlichen Einschätzungen angepasst werden. Damit lässt sich eine Realisierung auch innerhalb eines Peer to Peer Systems verwirklichen.[47]

Das Hinzufügen neuer Eigenschaften zu einer bestehenden Metadatenbeschreibung, die als ein geschlossenes Dokument, z.B. in Form einer XML–Datei, vorliegt, gestaltet sich sehr problematisch. Bei der kontextabhängigen Beschreibung ist dies hingegen relativ problemlos möglich und gibt so mehr Flexibilität.[48] Da die Metadaten keiner festen und geschlossenen Struktur unterliegen, kann ein weiteres beschreibendes Element eingefügt bzw. ein bestehendes Element geändert werden. Dies ist im Rahmen der Wiederverwendbarkeit von Lernobjekten im e-Learning sehr wichtig, da Lernobjekte über einen längeren Zeitraum verwendet werden und ihre Metadaten in dieser Zeit einem Evolutionsprozess unterliegen.

---

[43] Vgl. Nilsson, 2001
[44] Vgl. Jablonski et. al., 2003
[45] Vgl. Nilsson, 2001
[46] Vgl. Nilsson et. al., 2002
[47] Vgl. ebenda
[48] Vgl. Nilsson, 2001

Bei der kontextunabhängigen Beschreibung werden die Metadaten in einer dem Lernobjekt zugehörigen Datei gesammelt. IKT können dabei nachvollziehen, um welche Beschreibungselemente es sich der Struktur nach, z.b. Themengebiet, handelt. In den Elementen erfolgen die Beschreibungen jedoch natürlichsprachlich, so dass sie vom Computer nicht verstanden werden können. Um auf automatischem Wege Schlussfolgerungen ziehen zu können, ist aber genau dies notwendig.[49]

So werden bei der kontextabhängigen Beschreibung, verschiedene kontextbehaftete Aussagen über das Lernobjekt getroffen. Diese Aussagen sind durch IKT interpretierbar und können so auf automatischem Wege ausgewertet werden.[50] Eine mögliche Form dieser automatischen Informationsverarbeitung, die durch die kontextabhängige Beschreibung ermöglicht wird, ist der Einsatz von Agenten.[51] Es scheint demnach so, dass auf diese Weise Beschreibungen für IKT besser verarbeitbar und somit einen höheren Mehrwert stiften können.

5.2. Technische Realisierung mit RDF

Zur technischen Realisierung der kontextabhängigen semantischen Beschreibung, verwendet Jablonski einen Ansatz auf Basis von RDF.[52]

XML ist eine Datenmodellierungssprache mit einer baumartigen Struktur. Im Gegensatz dazu ist RDF eine Metadatenmodellierungssprache, bestehend aus Statements, die Aussagen aus einem Subjekt, Prädikat und Objekt sind. Neben einem grafischen Modell zur Beschreibung von Metadaten, können die Aussagen alternativ in RDF/XML-Syntax formuliert werden.[53]

Das Subjekt ist dabei der Teil, über den die Aussage getroffen wird, und muss als eine Ressource durch eine URI identifizierbar sein. Das Prädikat ist eine Ressource und beschreibt die Beziehung zwischen dem Subjekt und dem Objekt. Objekte sind Ressourcen oder Literale, die durch ein Prädikat einem Subjekt zugeordnet werden. Ressourcen sind dabei alle elektronischen, über eine URI im Web identifizierbaren Objekte.[54]

Für die Beschreibung einer Menge gleichartiger Elemente, bietet RDF das Konzept der Container. Sind z.B. für ein Lernobjekt mehrere Schlagwörter, Lernziele oder Autoren vorhanden, so können diese in einem Container zusammengefasst werden. Für den Inhalt des Containers muss festgelegt werden, ob es sich um eine Sequenz, Multimenge oder Alternative handelt. Es können dann Aussagen über einzelne Ressourcen bzw. den Container selbst oder gemeinsame Aussagen über alle enthaltenen Elemente getroffen werden.[55]

---

[49] Vgl. Daconta et. al., 2003, S. 51
[50] Vgl. Jablonski et. al., 2003
[51] Vgl. Nilsson et. al., 2002
[52] Vgl. Jablonski et. al., 2003
[53] Vgl. Eckstein, Eckstein, 2004, S. 235
[54] Vgl. WWW, 2004
[55] Vgl. Eckstein, Eckstein, 2004, S. 248 - 251

18

Bei der Beschreibung mit RDF lassen sich ebenfalls Elemente aus Metadatenstandards verwenden. Von der DCMI wurde bereits eine RDF-Version erstellt, in der Haupteigenschaften verfeinert und für bestimmte Anwendungen eingeschränkt wurden.[56]

RDF Statements lassen sich als RDF Graphen darstellen, ein Beispiel wird in Abbildung 3 dargestellt. Das Subjekt ist in diesem Fall die Seminararbeit, repräsentiert durch die URI. Das Prädikat ist das durch die URI dargestellte DCMI Element „Creator", das dem Objekt „Stefan Thalmann" zugewiesen wird. Der Pfeil soll dabei die Beschreibungsrichtung darstellen.

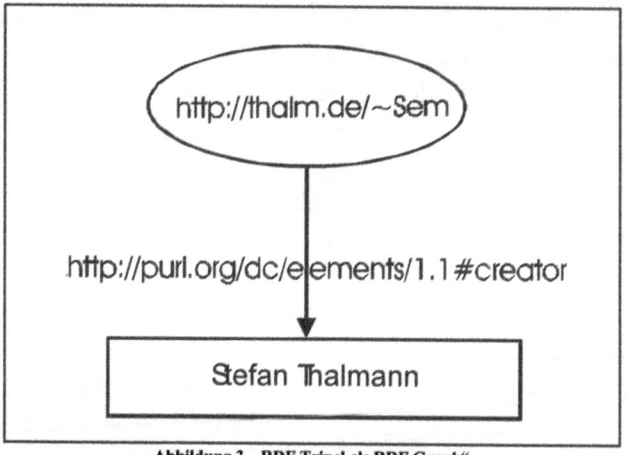

Abbildung 3. „RDF Tripel als RDF Graph"

Durch die RDF/XML-Syntax erhält man Dokumente, die an einen erweiterten Regelsatz gebunden sind, aber noch nicht vollständig automatisch durch IKT verarbeitbar sind.[57] Dies wird durch den Einsatz von RDFS möglich, wobei Begriffe semantisch in Beziehung zueinander gesetzt werden können. Neben den Strukturvorgaben, die auch XMLS leisten kann, bietet RDFS vor allem die Möglichkeit der semantischen Einordnung von Begriffen und geht damit weit über die Möglichkeiten von XMLS hinaus.[58]

In RDFS werden Klassen- und Eigenschaftshierarchien aufgebaut, die ebenfalls in einer RDF/XML-Syntax notiert werden. Die Verwendbarkeit der Eigenschaften und Klassen kann durch die Angabe eines Werte- und Definitionsbereiches eingeschränkt werden.[59] So könnte z.B. festgelegt werden, dass die Eigenschaft „wurde erstellt von" nur auf eine Instanz der Klasse „Autor" angewendet werden kann.

---

[56] Vgl. ebenda, S. 285 - 286
[57] Vgl. WWW, 2004 (b)
[58] Vgl. Eckstein, Eckstein, 2004, S.259
[59] Vgl. WWW, 2004 (b)

RDFS ermöglicht es, die Beziehungen zwischen einzelnen Begriffen genauer zu definieren und gewährleistet dadurch die automatische Verarbeitung durch IKT. Insgesamt scheint es, dass RDF und RDFS für die kontextspezifische semantische Beschreibung gut geeignet sind.

6. Schlussbetrachtungen

Im Rahmen dieser Arbeit wurde gezeigt, dass die semantische Beschreibung von e-Learning-Inhalten erst deren effiziente Nutzung ermöglicht. Besonders durch die Modularisierung, Personalisierung und zunehmende Wiederverwendung von Lernobjekten ergeben sich dabei eine Reihe spezifischer Anforderungen. Diese und weitere Anforderungen wurden in Kapitel 3 in Form von Metadatenkategorien für das e-Learning vorgestellt.

Beschreibungen von Lernobjekten werden in Form von Metadaten abgelegt, die für den Austausch und eine effiziente Verwendung in einem standardisierten Format vorliegen müssen. Diese Formatvorlage liefern Metadatenstandards, von denen zwei in Kapitel 4 vorgestellt und auf ihre Eignung für das e-Learning untersucht wurden.

Technisch lässt sich die semantische Beschreibung auf verschiedene Weise realisieren. Die kontextunabhängige Beschreibung einzelner Lernobjekte, lässt sich gut mit XML und XMLS realisieren. Dabei werden die Metadaten in einer zum Lernobjekt gehörenden XML-Datei gespeichert, zu der ein Metadatenstandard durch ein XMLS repräsentiert, die Struktur und das Vokabular vorgibt.

Werden jedoch verschiedene Standards oder Erweiterungen benutzt, kann es schnell zu Inkompatibilitätsproblemen kommen. Die nutzer- und verwendungskontextbezogene Verwendung, wie auch die vollständige Maschinenverarbeitbarkeit kann durch diesen Ansatz ebenfalls nicht gewährleistet werden.

Als eine mögliche Lösung für diese Probleme, wurde in Kapitel 5 die kontextbezogene semantische Beschreibung vorgestellt. Technisch kann diese Form der semantischen Beschreibung mit Hilfe von RDF und RDFS gut realisiert werden.

RDF und RDFS bieten Basiskonzepte zum Aufbau von Vokabularen, die jedoch für viele Ontologiekonzepte nicht ausreichen. Die vom W3C entwickelte Ontologiesprache OWL bietet dafür die geeigneten Konzepte und könnte in einer weiteren Ausbaustufe Verwendung finden.[60] OWL ist momentan noch ein Arbeitsentwurf und findet deshalb zurzeit kaum Verwendung. Es scheint jedoch so, dass bei einer Standardisierung ein großes Anwendungspotential im e-Learning-Umfeld erschlossen werden kann.

---

[60] Vgl. Eckstein, Eckstein, 2004, S.274 - 275

Literaturverzeichnis

1. Advanced Distributed Learning, „Sharable Content Object Reference Model (SCORM)", 2nd Edition, 2004, URI: http://www.adlnet.org/downloads/files/67.cfm, Zugriff am 05.06.2005

2. Alznauer, T., „Megatrend Wissensmarkt (Teil3): Bewertung und Bilanzierung von Wissensprodukten", Wissensmanagement, Heft 2/2005, Ausgabe März/April 2005, S.14-15

3. Baumgartner, P., „Didaktik und Reusable Learning Objects (RLOs)", 2004, URL: http://bildungstechnologie.net/modules.php?op=modload&name=UpDownload&file=i ndex&req=getit&lid=12, Zugriff am 30.05.2005

4. Brush, B.; Bargeron, B.; Grudin, J.; Gupta, A., „Notification for Shared Annotation of Digital Documents", Microsoft Research, 2002, URI: http://research.microsoft.com/~ajbrush/papers/BrushNotification.pdf, Zugriff am 07.06.2005

5. Brase, J.; Nejdl, W., "Ontologies and Metadata for e-Learning", in Staab, S., Studer, R., „Handbook on Ontologies", Springer-Verlag, Berlin, 2004

6. Daconta, M; Obrst, L.; Smith, T., „The Semantic Web", Wiley Publishing, Indianapolis (USA), 2003

7. Dublin Core Metadata Initiative, „DCMI Metadata Terms", 2005, URL: http://dublincore.org/documents/dcmi-terms/, Zugriff am 02.06.2005

8. Eckstein, R.; Eckstein, S., „XML und Datenmodellierung", dpunkt-Verlag, Heidelberg, 2004

9. Faust, T., „Vergleich von semantikreichen Metadatenstandards zur Beschreibung semistrukturierter Dokumente", Diplomarbeit Martin Luther Universität, Halle, 2005

10. Feuerhelm, D., „Metaoperationen und Metadaten im Internet-basierten Wissenstransfer", Dissertation Universität Karlsruhe, dissertation.de-Verlag im Internet GmbH, Berlin, 2004

11. Gilliland-Swetland, A. J., „Introduction into Metadata – Pathways to Digital Information", 2000, URL: http://www.getty.edu/research/conducting_research/standards/intrometadata/index.html, Zugriff am 26.05.2005

12. Goos, G., „Vorlesungen über Informatik", 3.Auflage, Springer-Verlag, Berlin, 2000

13. Hambach, S., „Modularisierung von Bildungsangeboten: Problembeschreibung und Lösungsansatz", in Wessner, M.(Hrsg.), „Die 1. e-Learning Fachtagung Informatik", Gesellschaft für Informatik, Bonn, 2003

14. Heuer, A.; Saake, G., „Datenbanken Konzepte und Sprachen", 2.Auflage, mipt-Verlag, 2000

15. IEEE, „Draft Standard for Learning Object Metadata", New York, 2002, URL: http://ltsc.ieee.org/wg12/files/LOM_1484_12_1_v1_Final_Draft.pdf, Zugriff am 23.05.2005

16. Jablonski, S.; Meiler, C.; Petrov, I.; „Integration von Semantic-Web-Konzepten in Web-Content-Management-Systemen", HMD Praxis der Wirtschaftsinformatik, Heft 234, Ausgabe Dezember 2003, S.94-102

17. Kortzfleisch, H.; Heller, U.; Winand, U.: „Das ,Forum Virtuelle Lernwelten" in Szyperski, N. (Hrsg.), „Perspektiven der Medienwirtschaft", Lohmar, Köln 1999

18. Krcmar, H., „Informationsmagement", 4.Auflage, Springer-Verlag Berlin, 2005

19. Maier, R.; Hädrich, T.; Peinl, R., „Enterprise Knowledge Infrastructures", Springer-Verlag, Berlin, 2005

20. Nilsson, M., „The semantic web: How RDF will change learning technology standards", Royal Institute of Technology Stockholm, 2001, URI: http://kmr.nada.kth.se/papers/SemanticWeb/CETISSemWeb.pdf, Zugriff am 04.06.2005

21. Nilsson, M.; Palmér, M.; Naeve, B., „Semantic Web Meta-data for e-Learning – Some Architectural Guidelines", Royal Institute of Technology Stockholm, 2002,

22. URI: *http://kmr.nada.kth.se/papers/SemanticWeb/p744-nilsson.pdf*, Zugriff am 04.06.2005

23. Simon, B., „Wissensmedien im Bildungssektor – Eine Akzeptanzuntersuchung an Hochschulen", Dissertation Wirtschaftsuniversität Wien, 2001, URL: http://epub.wu-wien.ac.at/dyn/virlib/diss/mediate/epub-wu-01_71.pdf?ID=epub-wu-01_71, Zugriff am 31.05.05

24. Wood, A., „Metadata – The Ghosts of Data Past, Present and Future", 1999, URL: http://archive.dstc.edu.au/RDU/reports/Sympos97/metafuture.html,Zugriff am 27.05.2005

25. World Wide Web Consortium, „Semantic Web", 2001, URI: http://www.w3.org/2001/sw/, Zugriff am 04.06.2005

26. World Wide Web Consortium, „RDF Semantics", 2004, URI: http://www.w3.org/TR/rdf-mt/, Zugriff am 05.06.2005

27. World Wide Web Consortium (b), „RDF Vocabulary Description Language 1 0· RDF Schema", 2004, URI: http://www.w3.org/TR/rdf-schema/, Zugriff am 06.06.2005